A L'OPINION PUBLIQUE!

MÉMOIRE

DU

CAPITAINE JOUBERT,

Chevalier de la Légion - d'Honneur,

Mis en traitement temporaire de réforme.

(Décision Ministérielle du 13 Mars 1844).

MARSEILLE,

IMPRIMERIE MOSSY, DIRIGÉE PAR BELLANDE,

Rue Sainte, 31.

1844.

A L'ARMÉE !

Ancien militaire de l'Empire et frappé depuis six ans d'une mesure que ceux-là même qui l'ont fait prononcer contre moi, trouvent d'une rigueur extrême, j'ai quitté Marseille, que j'habite avec ma famille, pour venir solliciter un adoucissement à ma position. Depuis huit mois je suis à Paris. J'ai vu le Ministre de la guerre qui, soit dans les audiences qu'il m'a données, soit aux personnes qui lui ont parlé de moi, a toujours témoigné de l'intérêt pour le sort d'un vieux soldat. Il ordonna même qu'on lui rendit compte de mon affaire ; mais comme il paraît que la vérité ne peut pas plus arriver au Ministre qu'elle ne parvient aux pieds du Trône, je dois avoir recours à la voie de la presse pour mettre au jour cette vérité que l'on semble avoir tant d'intérêt à étouffer.

Mes réflexions seront peut-être utiles aux autres, mais l'Administration de la guerre ne s'est montrée ni équitable envers moi , ni fidèle observatrice des principes de notre droit politique.

Avant de signaler à l'opinion publique la question qu'elle doit juger, permettez que je dise un mot de mes services et que j'indique ma position.

Je suis entré au service, le 10 juin 1805 , comme enrôlé volontaire , dans le 26ᵉ régiment des chasseurs à cheval. Je suis passé, en 1809, dans les chasseurs à cheval de la vieille garde impériale , où j'ai été fait brigadier , puis maréchal-des-logis , et lieutenant ; je suis passé en suite au 1ᵉʳ régiment des éclaireurs de la même garde , le 21 décembre 1813.

J'ai fait toutes les campagnes de ces diveress époques.

J'ai reçu des blessures à Ulm , en Espagne , et la dernière, qui mit longtemps ma vie en danger, à la bataille de Craon , le 7 mars 1814, époque mémorable !...

J'ai été décoré le 28 novembre 1813 (Mᵃˡ des logis) , mis en non activité le 9 décembre 1814 ; je repris du service, le 18 avril 1815, dans le 5ᵐᵉ régiment de lanciers , et le 3o du même mois, je fus rappelé dans les anciens chasseurs de la vieille garde impériale.

Enfin, licencié comme toute l'ancienne armée, le 1ᵉʳ octobre 1815, je fus mis en retraite le 11 novembre 1816.

Aux évènements de juillet 1830 , je ne restai pas inactif, et je fus blessé le 29 d'une balle à la tête, lors de la prise du Louvre. Le 16 novembre 1830 je pris de nouveau du service, en qualité de lieutenant, dans le 1ᵉʳ régiment des chasseurs de Nemours. Le 5 janvier 1832 je fus nommé capitaine dans le 1ᵉʳ régiment des chasseurs d'Afrique; je passai dans le 2ᵐᵉ de même arme le 20 avril de la même année, et j'y fis toutes les campagnes.

Pour mon malheur, je consentis à entrer par permutation volontaire dans la Légion Etrangère en 1834.

A partir de ce moment, toutes les qualités militaires qu'on m'avait reconnues jusque-là, furent effacées. J'avais eu le malheur de ne pas dissimuler mon attachement au gouvernement de juillet, de continuer de montrer l'aversion que j'avais eue pour le gouvernement de la branche aînée. Je blessai profondément les convictions des hommes qui ne cachaient pas leur mépris pour notre gouvernement actuel, et ils résolurent de se défaire de moi. C'était facile, ils étaient mes chefs. Je fus d'abord mis en non activité, par licenciement du corps, le 4 juillet 1835, puis replacé comme capitaine, dans le 2ᵐᵉ régiment d'infanterie légère, le 31 mars 1836. C'est là surtout que la haine que je m'étais attirée dans la Légion-Etrangère me poursuivit avec plus d'acharnement au 2ᵐᵉ régiment d'infanterie légère. Après avoir servi toute ma vie comme officier de cavalerie, je n'étais pas, je l'avoue, un excellent officier d'infanterie; cependant j'en savais assez pour guider nos soldats devant l'ennemi. J'en donnai des preuves et je supportais mieux que beaucoup d'autres les fatigues de la guerre. Mais je n'avais pris cette désastreuse détermination de passer, par permutation, dans l'infanterie, que comme un acheminement à ma retraite de capitaine et dans l'espérance d'avoir un emploi moins pénible, parce que mes anciennes blessures me rendaient le service en campagne un peu dur.

Je me trompai encore sous ce rapport dans mes calculs.

L'ardeur de mon caractère qui m'avait valu des éloges dans bien des circonstances de ma vie militaire, devint un crime aux yeux des nouveaux arbitres de mon sort, on résolut aussi, comme dans la Légion-Étrangère, de se débarrasser de moi, et on n'échappait aucune occasion de m'irriter pour trouver un moyen de m'éloigner du régiment.

J'avais à faire à des carlistes bien connus, qui n'aimaient pas plus notre vieille gloire de l'Empire, que le gouvernement nouveau ; mais c'étaient ce que l'on appelle des *royalistes raliés*, et par cette raison, on leur accordait, en échange du mépris qu'ils affectaient pour le gouvernement de Juillet, le crédit et la puissance qu'ils désiraient. Leur haine pour tout ce qui était ancien militaire dévoué à la dynastie nouvelle était active et ingénieuse pour faire le mal. Tous les prétextes étaient employés. Une circonstance s'offrit, et on la saisit avec empressement. J'eus avec l'officier payeur de cette époque une discussion, et quoi que je fusse son supérieur en grade, on ne trouva pas mauvais qu'il fût insolent envers moi, mais ce fut un crime, de ma part, de l'avoir traité comme il le méritait. J'avais vivement ressenti l'injure, et je fis la faute de le provoquer en duel....

Je dois dire, pour être vrai, que l'officier accep-
ta d'abord, mais il se ravisa et trouva plus loyal, et
sans doute *plus prudent* de me dénoncer au colonel.
Je fus pour ce fait puni d'un mois de prison de ville,
mis à l'ordre du régiment et de la division, et plus
tard traduit à un conseil d'enquête, et le 16 avril
1838, le ministre de la guerre (le général Bernard), de
si triste mémoire, dont le ministère, avec de très bonnes
intentions, ne fut cependant marqué que par des bévues
et de mauvaises actions, prononça ma réforme.

J'acceptais cette mesure d'une excessive rigueur, comme le châtiment rigoureux d'une faute légère ; je laissai
écouler quelques temps, puis je réclamai, mais inutile-
ment. Enfin, je crus qu'il était possible à un vieux
soldat de l'Empire, d'appeler de la décision du général
Bernard, au Maréchal Soult. Je crus que le premier
lieutenant de César ne se laisserait pas entraîner dans
l'ornière bureaucratique, creusée par la routine aveugle
sur son prédécesseur Bernard.

Je réclamais donc de nouveau, non pas contre la mesure de la réforme en elle-même, mais contre la durée du
châtiment, et ici j'invoquai les principes ordinaires du
droit criminel, je demandai que par *voie de grâce* le
le Ministre obtint du Roi un adoucissement à ma position, adoucissement qui se bornait à me relever de la
réforme et à me placer en non activité. Cette mesure
moins rigoureuse me permettait de compter mes services
comme capitaine.

Avec la réforme, mes services depuis 1830 ne compte

pas, et je n'ai aucun moyen d'existence, pour l'avenir, que la retraite de lieutenant qui m'a été accordée, en 1816, pour cause de blessures graves, et qui est de 450 francs.

Le Maréchal Soult voulant être éclairé sur cette question, ordonna au bureau de la Justice militaire de lui faire un rapport. Je connus cette circonstance parce que le Ministre me l'avait annoncé lui-même, mais depuis, je n'eus aucune réponse sur cette question grave que j'avais soulevée. Je parvins à savoir seulement que le bureau de la *Justice militaire* avait été dessaisi de mon affaire par ordre supérieur, et que le bureau de l'infanterie, avait reçu toutes les pièces, accompagné du rapport que le Ministre avait demandé.

Je dois supposer que ce rapport ne m'était pas défavorable, car on ne m'en parla point et l'on ne répondit pas un mot à la question de savoir si le Roi n'a pas le droit de *faire grâce* à un officier placé, par mesure de discipline, dans la position de réforme. Je reçus les réponses banales auxquelles j'étais accoutumé et par lesquelles on me disait que la position de réforme était définitive, et que je ne pouvais pas être mis en non activité.

J'eus la preuve évidente alors, que la véritable question ne serait jamais soumise au Ministre. Je m'adressai au Roi lui-même ; mais le Roi ne vit probablement pas ma demande. M. le baron Fain, son secrétaire, me renvoya au Ministre qui seul, en effet, doit présenter des propositions.

Il fallait bien conclure de tout cela, que lorsqu'un sot ou un méchant se trouve placé entre l'homme qui réclame et le Ministre qui décide, il n'y a plus aucune justice à espérer.

Le sot est peut-être encore plus à craindre que le méchant, parce que le sot qui s'est longtemps traîné dans la carrière bureaucratique, a pris de la routine pour de la science, et parvenu aux emplois éminents, il appelle expérience le long usage de sa sottise ; on le croit sur parole, il décide avec assurance, et comme son esprit bouché ne lui a jamais permis de voir que les petites choses, que les petits détails, il affirme qu'il n'y a rien au-delà de l'horison qu'il aperçoit avec sa vue courte.

La question a pourtant de l'importance puisqu'elle se rattache à notre droit politique.

En effet, au terme de l'art. 58 de la Charte de 1830 : « le Roi a le droit de faire grâce et celui de commuer les « peines. »

Quel est le Ministre qui a le pouvoir de limiter cette précieuse prérogative ?

Dire que le Roi ne peut pas l'exercer tant que la peine dure, c'est nier le principe de la Charte ; opposer la force d'inertie à l'exercice de la prérogative royale, c'est faire un acte inconstitutionnel, c'est excéder les pouvoirs ministériels.

Le droit de grâce ne peut pas s'exercer dans un seul cas, c'est lorsque la peine, quelle qu'elle soit est accomplie, lorsqu'elle est subie.

Tant que la peine dure, tant qu'elle n'est pas expirée, le Roi peut intervenir par *voie de grâce*.

Ce principe est incontestable, il n'y a que les aveugles, et le mauvais vouloir du ministère de la guerre, qui puissent en nier l'évidence.

Or, la réforme, *par mesure de discipline*, est une peine, et c'est précisément le cas où je me trouve;

Donc le Roi peut, par *voie de grâce*, changer la position de réforme, tant que la durée de cette réforme n'est pas accomplie.

Dans son aveuglement, l'administration de la guerre m'oppose que la position de réforme est définitive.

Et le jugement qui frappe d'une peine n'est-il pas définitif? et la position du condamné n'est-elle pas définitive?

C'est justement parce que le sort de l'homme est fixé, que le Roi seul peut intervenir, en vertu de ce droit de grâce que la loi a placé au-dessus d'elle-même.

Est-ce qu'il y a lieu de recourir à la clémence royale, tant que la loi offre un moyen de modifier la sévérité d'une peine?

Il faut toute l'ignorance et le mauvais vouloir d'une sommité administrative pour raisonner de cette manière.

Mais, ajoute-t-on, la loi du 19 mai 1834, sur l'état des officiers, dit : art. 9, que l'officier en réforme n'est plus susceptible d'être rappelé à l'activité; et si, par *voie de grâce*, le Roi changeait la position de réforme, en celle de non activité, il y aurait violation de la loi en ce sens, que l'officier en non activité peut reprendre de l'activité.

Ce raisonnement est faux comme le premier. L'emploi dépend du gouvernement qui peut, qui doit en disposer en toute liberté, je dirai même arbitrairement, par conséquent il est libre de placer ou de ne pas placer un officier en non activité; et lors même qu'un Conseil d'enquête émettrait l'avis qu'un officier, dans cette position, est susceptible de reprendre de l'activité, l'administration peut toujours dire non; c'est son droit et la non activité peut se prolonger indéfiniment.

Il faut d'ailleurs remarquer que la non activité accordée par le Roi, comme commutation de la peine disciplinaire de la réforme, devient une chose à part qui ne rentre dans aucun des cas de la non activité ordinaire, et prévue par l'art. 5 de la loi du 19 mai 1834.

C'est seulement une peine disciplinaire, substituée à une autre peine disciplinaire plus grave, et les principes qui régissent la non activité ordinaire, ne sauraient s'appliquer en entier dans cette circonstance.

Ces idées qui sont si simples ne peuvent entrer, je le sais, dans l'esprit routinier d'une sommité administrative, parce que ce qu'il appelle son expérience, ne lui a rien offert de semblable, mais de ce qu'il ne conçoit point de telles idées, il ne s'en suit pas, quoiqu'il en dise, qu'elles ne soient pas justes. Les gens de cette espèce nient la vérité parce qu'ils ne la voyent pas, et ils crient qu'il fait nuit parce qu'ils ont fermé les yeux.

A l'absurdité des raisonnements , vient se joindre l'inconséquence dans les principes.

Ces mêmes gens qui prétendent que le Roi ne peut pas adoucir, *par voie de grâce*, la position de réforme disciplinaire , admettent cependant que le Roi peuf rappeler dans l'armée un officier démissionnaire qui a volontairement renoncé à son état en renonçant à son grade. Ils donnent pour raison que la démission n'est que la conséquence d'une décision royale et que le Roi peut bien prendre, quand il lui plaît , une décision contraire.

D'accord , mais la réforme n'est que le résultat d'une décision royale; et pourquoi le Roi ne pourrait-il pas , quand il lui plaît, modifier sa première décision par une décision moins rigoureuse?

Enfin , ces mêmes oracles administratifs vont jusqu'à trouver singulier que le Roi ne fasse pas descendre sa clémence sur l'officier destitué. Les malheureux ne font pas attention que la destitution est une peine morale qui frappe et qui s'accomplit en un instant; qui n'a aucune espèce de durée, qui est subie à la minute même où le jugement qui la prononce ne peut plus être attaqué par un pourvoi ; et qu'enfin le Roi ne peut pas arrêter l'effet d'un fait accompli, qui de l'avenir entre dans le passé en franchissant le présent par un intervalle qui laisse à peine le temps de la réflexion.

Mais l'administration de la guerre ne se pique ni de logique, ni d'équité, elle sabre à tort et à travers; aveugle et absolue par l'outrecuidance de ceux qui compte une longue routine , pour de l'expérience et du savoir , elle ne s'inquiète pas de heurter la raison et les principes du droit ; elle marche et croit que cela suffit au pays.

Cependant, n'est-il pas révoltant de penser qu'il n'y a pas possibilité d'obtenir justice en France ? Que la Constitution a établi des droits qu'il n'est pas permis au Roi lui-même d'exercer ? Que dire d'une administration où la sottise s'oppose par la force d'inertie, à l'accomplissement des devoirs, où la vérité est proscrite, où les efforts se réunissent pour étouffer la voix des malheureux et l'empêcher d'arriver jusqu'au ministre et du ministre jusqu'au Roi.....

Mais le Roi ne vous fera pas grâce de la réforme, me crie-t-on ;

Qu'en savez-vous malheureux habitués à ramper dans les anti-chambres ; qui vous a dit qu'il serait sourd à ma plainte ? êtes-vous comme ces prêtres qui font Dieu à leur image et menace de sa colère parce qu'ils le font complice de leur bassesse et de leurs passions ?

Et en dernière analyse, que vous importe que le Roi accueille ma demande ? Quel intérêt avez-vous donc à compter un officier de plus dans la misère ?

Ce serait, dites-vous, entrer dans une mauvaise voie, que de revenir sur une réforme prononcée par mesure de discipline, parce que vous seriez assiégés de réclamations du même genre.

Mais le froid et dur égoïsme n'a jamais eu un langage plus platement atroce. Quoi ! parce que vous craignez des réclamations, il faut écraser les réclamans ? Cette logique est celle des bourreaux de l'inquisition. Si vous compreniez votre métier, vous sauriez qu'une grâce accordée par le Roi, ne préjuge pas une autre grâce ; vous sentirez qu'il en serait de cela comme des grâces et commutations que le Roi accorde ou refuse aux condamnés des Cours d'assises et des Tribunaux correctionnels ; que le Roi reste maître d'être indulgent ou sévère ; et les officiers en réforme qui seraient dans ma position, s'il en existe (ce dont je doute), ne seraient pas plus embarrassante que ne le sont vos condamnés militaires, à moins que vous ne voulussiez, comme pour moi, maintenir, *quand même,* l'iniquité d'une mesure dont la rigueur ne peut pas se justifier. Dans ce cas, je conçois qu'il y ait embarras ; je conçois qu'une injustice de cette nature trouble la quiétude de votre esprit de plomb, parce que vous ne pouvez vous dissimuler qu'au-dessus de la sphère administrative, il y a l'opinion du pays, la raison publique, qui stigmatisent avec sévérité les hommes cruels qui peuvent voir d'un œil sec le vieux Soldat montrant ses cicatrices, et mendiant son pain à la porte du ministère !

Puisqu'il n'y a plus pour moi aucun espoir d'obtenir justice du Ministère de la guerre, je dois signaler à l'Armée les faits dont je suis victime. Qu'ils lui servent d'enseignements ! qu'elle juge, et les actes qui s'accomplissent, et les hommes qui ont ses intérêts dans leurs mains !

J'ai versé mon sang pour mon pays, j'ai servi avec zèle, j'ai été dévoué au gouvernement, et ma récompense c'est une mesure qui retranche de ma vie douze

ans de grade de capitaine et me replace lieutenant en retraite de 1816 ! .

Une mesure disciplinaire est donc cent fois plus re-
doutable que le jugement d'un Tribunal. Le condamné,
même flétri par la justice, d'une peine afflictive et infa-
mante, peut espérer en la clémence du Roi ; l'officier,
qu'une décision administrative a frappé, tombe sous le
coup d'une sentence qui est sans appel, sans sursis,
sans recours en grâce !...

L'arrêt d'une Cour d'assises n'enlève pas au condamné
ses années de service, la réforme, par mesure de discipline, les efface ; et semblables aux tortures de l'inquisition, elle n'accorde des aliments que pour quelques
années, comme à ces victimes du saint office murées
dans un cachot dont on prolongeait l'agonie en mettant
auprès d'eux des vivres pour quelques jours !

Triste et cruelle réflexion !... Les lois les meilleures et
les plus sages peuvent devenir des instruments d'injustice
et de persécution dans les mains inhabiles de ces eu-
nuques administratifs qui ne peuvent rien produire, et
qui, complètement étranger à la science des lois, met-
tent leur outrecuidance et leur routine ignorante, à la
place de la raison et du bon sens le plus vulgaire.

Malheur à vous, vieux officiers de l'Armée, si votre
position présente quelque chose d'exceptionnel !... loin
de chercher dans les lois une interprétation conforme au
vœu du législateur et aux principes de l'équité, l'administration de la guerre, dominée par l'ignorance de
l'une de ses sommités qui compte la longue durée de sa

sottise pour des services, n'examinera même pas vos titres particuliers, vos droits appréciés par l'aveugle routine bureaucratique seront confondus avec ceux de tous les autres, et jugés par une seule et même formule, selle à tous chevaux qui dispense d'esprit et de savoir, et qui sert, comme le lit de Procuste, a faire des décisions qui se ressemble, mais non à rendre à chacun la justice qui lui est due!...

Mais il faudrait croire que tout sentiment de justice et d'humanité est éteint en France si le décret impérial du 8 mars 1811 devait encore être une déception pour les vieux serviteurs de la patrie. Ce décret accorde, comme minimum, par son article 7, la moitié des places dans la régie des tabacs, les douanes, les forêts, la perception des impôts indirects, les postes, etc., espérons que M. le Ministre des Finances, et sous lui, M. le Directeur des contributions indirectes, tendront une main secourable aux vétérans de l'Armée en leur appliquant le décret du 8 mars 1811, décret rappelé dans un rapport soumis au Roi par M. le duc de Dalmatie, Ministre de la guerre, le 27 décembre 1841.

JOUBERT.

www.ingramcontent.com/pod-product-compliance
Lightning Source LLC
Chambersburg PA
CBHW060721280326
41933CB00013B/2519